LES MURS SE MARRENT

Du même auteur :

Elles sont terribles *(1989, Editions Hermé)*

REGIS HAUSER

LES MURS SE MARRENT

**Une sélection de graffitis drôles,
provocants, méchants et pimentés,
récoltés pour la postérité
sur les murs de nos villes
et dans les toilettes de nos bistrots.**

MANYA

31, rue Chaptal
92300 Levallois-Perret
ISBN 2-87896-031-9

DE L'ART ET DU COCHON

Il y a deux sortes de graffitis : le *graffiti terroriste* et le *graffiti gratuit*. Acte de résistance, le premier apparaît spontanément en périodes de crises graves, de revendications sociales, d'élections, de conflits armés, de révolutions et autres occasions de castagne. Il dénonce - anonymement - les autorités en place. Rarement drôle (les circonstances ne s'y prêtent guère), ce graffiti-là est pourtant le plus juteux : une fois les hostilités terminées, il permet à son auteur de revendiquer une médaille pour acte de bravoure.

Le graffiti gratuit, en revanche, est beaucoup plus réjouissant. Frondeur, irrévérencieux, provocant, rabelaisien, il traduit la bonne santé d'une Nation. C'est lui qui nous occupe ici.

La confrérie des graffiteurs existe depuis la plus haute antiquité. On trouve des graffitis d'époque sur les monuments de Pompéi, d'Egypte, de Grèce... Il y en a même de particulièrement gratinés, dit-on, gravés par les bâtisseurs de cathédrales dans certains recoins inaccessibles de Notre-Dame de Paris.

Je collectionne les graffitis comme d'autres collectionnent les pin's, les plaques d'égout, les boîtes de camembert ou les posters de Patrick Bruel. Je les relève dans les endroits les plus étranges et les moins recommandables, et les recopie pieusement dans le calepin qui ne me quitte jamais. Bien sûr, je mets mes amis à contribution : où qu'ils aillent, ordre leur est donné de noter leurs découvertes les plus croustillantes, et de me les faire parvenir en urgence. C'est ainsi qu'en lieu et place de souvenirs de vacances, je reçois parfois des cartes postales ainsi libellées : *Pouah ! J'ai encore marché dans Gide*, ou *La Roue de la Fortune nous casse les Q.I.* Ces insanités - qui doivent profondément choquer les demoiselles des Postes - sont autant de perles qui viennent enrichir mon collier.

Souvent conçu dans l'isolement complice des goguenots, le graffiti est une oeuvre d'esthète réalisée par un inconnu pour des inconnus. C'est la seule forme d'expression populaire parfaitement et absolument altruiste. Anonyme, le graffiteur ne recherche aucune gloriole ni ne revendique la moindre reconnaissance publique. Son effort créatif est un acte solitaire et désintéressé. Donc, par essence, admirable... Enfin, le graffiti remplit une fonction économique non négligeable, puisqu'il assure le fonds de commerce des braves ravaleurs de façades et peintres en bâtiment du pays. Le graffiti fleurit partout : sur les murs de nos villes et de nos écoles, dans les ascenseurs, les cabines téléphoniques, sur les gradins des stades, les chaussées, les monuments, les affiches électorales, les camions... Mais comme je l'ai dit plus haut, les supports privilégiés de la littérature graffiteuse sont les toilettes de nos bistrots, les glorieuses vespasiennes et autres sanisettes qui favorisent si bien la concentration intellectuelle. Pas un carrelage, pas un crépi, pas une surface blanche ne lui échappe.

Collecter des graffitis n'est pas chose aisée. Il faut rechercher la gemme, et l'extraire de sa gangue. Visitant les doublevécés de tel ou tel restaurant, combien de fois n'ai-je pas recopié une phrase désopilante pour m'apercevoir - une fois les vapeurs de beaujolais dissipées - que ledit graffiti était d'une consternante platitude. La collecte après boire est un exercice périlleux, et une dizaine de carnets remplis de tristes idioties sont là pour me le rappeler.

Statistiquement, sur un mur de cent mètres entièrement graffité, il n'y a que cinq ou six oeuvres modestes, et, la plupart du temps, pas le moindre chef-d'oeuvre. Plaisanteries graveleuses, allusions sub-abdominales, scatologie crasse forment quatre-vingt dix-neuf pour cent de la récolte... Dans ces conditions, c'est une tâche ardue que de séparer le bon grain de l'ivraie. Mais attention : il ne faut pas faire preuve de frilosité en rejetant un bon mot simplement parce qu'il est osé. N'en déplaise aux esprits chagrins, il y a parfois des trésors dans le pipi-caca et de l'or dans l'ordure. Grossièreté n'est pas vulgarité.

Quelles régions graffitent ? Toutes ! Quelles villes graffitent ? Toutes ! Si dans ce livre certains lieux sont particulièrement à l'honneur, cela ne signifie pas qu'il y ait pénurie dans les autres : simplement, ces villes ne se trouvaient ni sur ma route, ni sur celle de mes correspondants... Au tableau d'honneur des cités graffiteuses, citons Paris, Marseille, Lyon, Strasbourg, Toulouse et Bordeaux. Rien d'étonnant à cela, si ce n'est une qualité de production absolument remarquable (la présence d'universités y est certainement pour beaucoup). Toutes les régions françaises sont donc équitablement représentées, hormis le Nord-Ouest et le Nord, qui peuvent mieux faire ! En calculant le rapport *qualité / nombre d'habitants*, il faut compter de vingt-cinq mille à soixante mille habitants pour produire un bon graffiti. Qui graffite, hommes ou femmes ? Force est de constater, mesdames, que les hommes sont davantage saisis par le prurit de la création graffiteuse, et n'ont pas le même respect des surfaces blanches que vous ! Quant à la teneur des messages, on trouve des préoccupations similaires chez les deux sexes (et chez le troisième). En revanche, les femmes pratiquent plus volontiers l'auto-dérision, et se caricaturent gaillardement au premier degré : *Henriiiii, viens viiiite, il y a une horrible bête dans la cuvette !...* Existe-t-il des graffiteurs-vedette ? Sans aucun doute. Je ne parle pas ici des personnes qui signent systématiquement leurs oeuvres, bonnes ou mauvaises, je parle d'auteurs de graffitis constamment remarquables. Pour leur rendre hommage, saluons *Bébi Armabianca* à Lyon, et *Amédée Biskoto* à Paris. Involontairement, l'un et l'autre ont beaucoup fait pour donner à ce livre toute sa saveur. Qu'ils en soient remerciés ici. J'espère ainsi préserver leurs créations de l'oubli auquel les voue l'agression iconoclaste de Monsieur Propre et de sa copine Olga (*Organisation de Lutte contre les Graffitis et l'Affichage sauvage*).

Ce livre rassemble une sélection des meilleurs graffitis de ma collection, commencée en 1969. Rien n'a été altéré. Lorsque cela n'apportait rien à la qualité intrinsèque de l'oeuvre, j'ai simplement supprimé les fautes d'orthographe et corrigé quelques noms propres.

Les murs se marrent aura certainement une suite. J'invite donc le lecteur à me faire parvenir le fruit de sa récolte aux bons soins de mon éditeur :

Les Editions MANYA, 31 rue Chaptal
92300 LEVALLOIS-PERRET.

Dans ce cas, je le remercie d'indiquer l'endroit où il a trouvé ces graffitis. S'il désire que son nom soit mentionné dans la rubrique des "découvreurs", il lui suffit de le préciser.

Et que vivent les graffitis !

Pouah! J'ai encore marché dans Gide

(Aix-en-Provence)

En 3 jours, je me suis fait 8 mecs!

Tu peux m'en faire un aussi, dis?

(Toilettes dames, bistrot, Aix-en-Provence)

Coca-Cola = Caca écolo.
Et que vive le pinard!

(Toilettes, bistrot Albi)

Ce mur raidi d'horreur
par les ignominies qui le recouvrent...

(Albi)

J'aime mieux les macaronis que les graffitis

(Albi)

*Mon complexe de persécution
est-il passible des tribunaux?*

(Angers)

Pierrot,
je viens de voir ton cul
et il ressemble à la tête de Jean-Pierre Foucault

Non. C'était bien Jean-Pierre Foucault
et il mâchait du PQ

(Toilettes, bistrot, région d'Angoulême)

Sur un panneau:

Décharge publique
Pas d'exhibitionnisme,
faites-le en privé! S.V.P.

(Région d'Angoulême)

Il y avait moins de Fritz ici pendant la guerr e

(Antibes)

JULIEN EST UN ENFOIRE

Michel,
je sai que c'est toi qui a écri ca
si je te chope je te casse la tete

JULIEN FAIS PAS LE CON S'EST POUR RIRE

(Antibes)

Putain: personne publique qui racole, fait des promesses, monnaie ses avantages, se fait payer d'avance et vous baise.
Député: idem

Dans le mot "député", il y a "pute"

(Arcachon)

Oh le beau mur tout frais et irrésistible!

(Arcachon)

FAITES L'AMOUR, PAS LA GUERRE!

Je fais les deux: ça fait 20 ans que je suis marié.

(Arcachon)

Où sont les nymphomanes?
Où sont les muettes?
Où sont les veuves riches?

(Aulnay-sous-Bois)

DEHORS SABATIER.

RENDEZ-NOUS NOHAIN!

(Arles)

la drogue je suis pour
ça me fait écrire d'une drôle
de FAÇON

(Arles)

Oh chéri s'il te plaît enfonce pas tout ça!
Oh chéri s'il te plaît enfonce pas tout!
Oh chéri s'il te plaît enfonce pas!
Oh chéri s'il te plaît enfonce!
Oh chéri s'il te plaît!
Oh chéri!
Oh!
!

(Traditionnel, toilettes, bistrots, Aurillac, Strasbourg, Mulhouse)

Pourquoi dit-on "aux 4 coins de l'hexagone"?
C'est stupide, un hexagone a 6 coins!
(du grec "hexa")

Pourquoi dit-on "un homme de couleur"?
C'est stupide, le noir n'est pas une couleur!
(du latin "niger")

Ah dis donc je suis désolé mon vieux alors,
Je m'inscris en faux là, contradictoirement avec ta personne.
Présentement toutes mes fringues sont incroyablement en couleur.
(du sénégalais "je t'emmerde")

(Auteuil)

Tracé avec le doigt dans la poussière d'un camion très sale:

PLANTEZ-Y DES PATATES!

(Autoroute de l'Ouest)

Vous Z 1 K: Vous 3,1416 C sans ABC votre Qlotte
C A C Qrieux

(Toilettes, station service Autoroute de l'Est)

Toi qui te soulages dans cet édicule,
honorable lecteur,
tu tiens l'avenir de ta famille dans tes mains.
Et d'après ce que je vois,
ne compte pas sur une famille nombreuse.

(Toilettes, station service, Autoroute de l'Est)

A côté d'une tache douteuse:

Marque déposée

(Toilettes, station service, Autoroute A6)

Sur la lunette d'un W.C.:

```
Attention, caractères autocopiants:
      .UO ETROPMI'N SIOSSA'M  EJ
```

(Toilettes, relais d'autoroute, A7)

Ce sont là les plus grossiers
de saloperies de gribouillages
à la con que j'ai pu lire
dans toute ma putain de vie.

(Toilettes, relais d'autoroute, A6)

J'adore Strauss, la valse de l'empereur,
le beau Danube bleu, tout ça…
Ah que j'aimerais faire valser un képi de gendarme!

(Toilettes, restaurant, A7)

Soigneusement calligraphié sur une porte:

*La direction informe son aimable clientèle que, pour raison de sécurité,
la cuvette a été équipée d'une caméra vidéo étanche.*

(Toilettes dames, restaurant, A7)

Séquence Emotion
Je viens d'uriner reuh contre ce poteau reuh, l'urine aux reflets d'or dans le soleil couchant reuh, est un spectacle qui coupe le souffle, reuh.
Superbe.

Signé: Nicolas Hulot

(Sur un panneau forestier, aire de repos, Autoroute A7)

AVIS:

JE PRENDS DES AUTO-STOPPEUSES (PAS D'AUTO-STOPPEURS).
JE SUIS AU BAR JUSQU'A 5 HEURES. DEMANDER RAOUL.

Message d'un hébéphrène* plein d'espoir,
et ignorant le plus injuste des apartheids:
celui des chiottes.

***imbécile heureux**

(Toilettes messieurs, relais d'autoroute, A7)

Marcel tu peux me donner l'heure?

Il est 4h25, Maurice.

Merci, Marcel.

(Toilettes, relais d'autoroute, A7)

C'est dans ce lavabo que, le 2 juillet 1985,
P. Berton vit disparaître
son cheveu préféré,
arraché à son affection
par un peigne vicieux.
Etaient présents ses amis
et témoins suivants:
F. Tarpuis, S. Schlesser, S. Ruiz.

(Toilettes messieurs, relais d'autoroute, A7)

Ces graffitis sont vraiment dégueulasses.

Attends d'avoir goûté le café qu'on sert ici !

(Toilettes, restaurant d'autoroute, A7)

Tracé dans la boue d'un camion qui remorquait l'épave d'une moto de compétition :

Le poids des motos, le choc des poteaux.

(Autoroute de l'Ouest)

Motards, n'oubliez pas votre casque.

On a beau se casser la tête,
on a encore rien trouvé de mieux.

(Aire de repos, A7)

Chasteté:
un vœu d'artifice.

(Avesnes)

Mitterrand, des sous!

Brice Lalonde, des géraniums!

(Toilettes, bistrot, Avignon)

C'est vraiment de ma faute si je culpabilise autant.

(Avignon)

Un panneau "Voie sans issue", surmonté d'un autre panneau marqué "Route de Bâle".
Ce dernier à bien sûr été altéré ainsi:

(Suisse)

O Trèfle parfumé,
ouate de cellulose double épaisseur,
Made en France,
Où es-tu?

(Toilettes, bistrot, région de Barcelone, Espagne)

Devenez homosexuel,
et élargissez le cercle de vos amis.

(Beauvais)

Sur un panneau:

PRENEZ LA FILE D'ATTENTE

OK. Et après qu'est-ce que j'en fais?

(Berck-Plage)

Sur la vitrine d'un charcutier exposant du boudin:

Pour les Belges y'en a pas!

(Besançon)

Où pousse le chanvre qui servira à pendre les hommes politiques?

Où poussent les sapins dont seront faits leurs cercueils?

(Besançon)

Sur une affichette des magasins But:

POUR LE BOUM-BOUM,
CHOISISSEZ BIEN, CHOISISSEZ UNE PUTE.
SIGNÉ: A.P.P.B.
(ASSOCIATION POUR LA PROMOTION
DES PÉRIPATÉTICIENNES BISONTINES)

(Besançon)

DIEU EXISTE.

Bien sûr, la preuve c'est que je te réponds, fils.

(Béthune)

Sur une affiche pendant les élections municipales:

J'ai envie de Béziers

(Béziers)

Veuillez rester assise tant que la lumière n'est pas éteinte.

(Toilettes dames, restaurant, Béziers)

L'armée,
c'est des douilles, des nouilles et des chtouilles.

Et des testicules.

Dommage, ça rime plus.

(Bitche)

Avez-vous déjà goûté la blanquette qu'on sert ici?

Quoi? Ici?

(Toilettes, bistrot, Bordeaux)

Sous un panneau:

EN CAS D'INCENDIE, NE PAS UTILISER L'ASCENSEUR

Utilisez l'extincteur

(Bordeaux)

A 30 cm du plafond:

Je suis un vivant défi à la loi de la graffitation.
Et je le prouve.

(Toilettes, bistrot, Bordeaux)

Sur un panneau:

NO SMOKING

But salopette yes!

(Bordeaux)

L'homme est le brouillon de la femme.
La femme, c'est l'Etre Parfait.

Alors, pourquoi ma copine
est toujours fourrée chez le docteur?

Pas chez le docteur, par le docteur!

(Bordeaux)

Tout fout le camp.
Au pays de la bonne bouffe et de l'amour,
la phrase qu'on entend le plus souvent,
c'est: "Vos papiers!"

(Boulogne)

Triste pays que la perfide Albion:
Les cafés sont toujours fermés quand on a soif!

...et les restaurants toujours ouverts quand on a faim!

(Boulogne)

Sur une affichette distribuée à Boulogne-Billancourt et qui déplorait que "*certaines familles ouvrières n'ont pas de quoi se protéger du froid ni d'habiller correctement leurs enfants pendant l'hiver*", une main a perfidement rajouté:

Normal. Renault a Billancourt, alors que chez Peugeot, ils sont tous Sochaux

(Boulogne-Billancourt)

Tout le monde se fiche
de Boulogne-Billancourt.

C'est exact.
Ici, beaucoup de filles s'appellent Florence
à Florence, pas une ne s'appelle Boulogne-Billancourt

(Boulogne-Billancourt)

**Serge Gainsbourg est la preuve
que de jolies choses peuvent être mal enveloppées.
Chantal Goya c'est l'inverse.**

(Bourg-en-Bresse)

*Pipi, caca, pipi, caca,il n'y a que ça sur ce mur!
Qui va donc enfin nous parler de la culture des solanacées
dans les hautes vallées d'Asie centrale?*

(Toilettes, bistrot, Le Bourget)

Cette porte, quelle délicieuse idée!
Quel plaisir de pouvoir lire tout ça en perdant ses légumes!

(Toilettes, bistrot, région de Brest)

L'auto-amnistie des parlementaires
ne sera jamais amnistiée.

(Bricquebec)

CE MATIN, A 10H34, JOXE A SOURI.

(Toilettes, bistrot, Caen)

Si un front haut était un signe d'intelligence, Vanessa Paradis aurait eu le Prix Nobel

(Toilettes, bistrot, Caen)

Africa begins in Calais

(Calais)

Dans la légion, les hommes sont des hommes.

Les chèvres en savent quelque chose.

(Calvi)

Les habitants de ce pays
font l'amour avec la sieste.

(Calvi)

Ergoter, c'est une façon d'accommoder les mais

(Cannes)

Se marier, c'est consommer
le même épiderme jusqu'à la nausée.

(Toilettes, bistrot, Cannes)

Je chante aussi bien que Patrick Bruel
mais avec un air plus gentil
(j'ai une banane sur le devant).
Si ça intéresse un producteur?
Je suis toujours au troquet
avec les parasols Martini.
Demander Principio.

(Région du Cap d'Agde)

Attention: ce miroir sans tain vous sépare des toilettes hommes!

(Toilettes dames, bistrot, Carcassonne)

Ouf, le Liban est sauvé:
Bernard Kouchner est sur place!

Qu'il revienne vite!
Il y a encore plein d'autres pays à sauver avant la fin de la semaine.

(Cavaillon)

PRENEZ LES ARMES
CONTRE LES MOUVEMENTS D'AUTO-DEFENSE!

(Cavaillon)

Mon mari me fait cocue.

...le mien me fait aux deux.

(Chalon)

(Toilettes dames, restaurant, Chantilly)

Les problèmes de ce pays viennent du fait que l'ouvrier français met autant de fierté à entrer dans ses charentaises que l'ouvrier allemand dans son coupé Mercedes

(Toilettes, routier, Charleville-Mézières)

Cheb Khaled, il chante bien quand il crie

(Charleville-Mézières)

Sous un panneau:

Ralentissez, ce sont vos enfants qui traversent!

Ca me ferait mal, je suis stérile.

(Chateauroux)

La vie privée de nos gouvernants:

Réveille-toi, Raymond, c'est terminé.(Madame Raymond Barre)

Tu te crois aux pièces? (Madame Jean-Pierre Chevènement)

Quoi, deux petits bruits de bouche, et c'est tout?
(Madame Valéry Giscard d'Estaing)

Ouvrez les yeux, mon ami, c'est fini. (Madame Pierre Arpaillange)

Quoi? Déjà dégorgé? (Madame Michel Charasse)

(Chauvigny)

Tout fout le camp,
les pavés de 68 servent de presse-papiers
dans les multinationales.

(Clermont-Ferrand)

La vie est une maladie sexuellement transmissible.

(Compiègne)

Sur le capot d'un essuie-mains, le texte
"Elis, le propre en action" a été altéré ainsi:

Elisabeth, le stupre en action.

(Corbeil)

Sont-ce les opticiens ébénistes
qui fabriquent les lunettes de WC?

(Toilettes, bistrot, Courbevoie)

En mélangeant un garçon rouge d'excitation

avec une fille bleue de peur

vous obtenez du violé.

(Créteil)

En dessous d'une affichette contre l'alcoolisme au volant:

QUELLE CONNERIE!

EN BAGNOLE, UN COUP DANS LE CIGARE,

C'EST MOINS DANGEREUX QU'UN CIGARE DANS LE COU.

(Station-service, région de Dieuze)

Dans ce patelin, il n'y a rien à foutre.

...*Ouais, où peuvent-elles bien être?*

(Digne)

JE HAIS THIERRY ROLLAND.
ET LE CON, IL NE LE SAIT PAS.

(Dijon)

Ce matin, je suis allé chez le toubib:
j'avais envie de tirer la langue à quelqu'un.

(Dijon)

Sur un panneau:

NE JETEZ PAS DE CIGARETTES
DANS L'URINOIR.

Jetez les dans le lavabo.

(Toilettes, station-service, région de Dijon)

Le comble du paradoxe:
travailler à l'ANPE et se faire virer!

Le comble de la poisse:
être végétarien et être enfileur de saucisses chez Olida!

(Toilettes, bistrot, Dijon)

Pour créer la femme,
Dieu s'est inspiré de la contrebasse:
une petite tête sur un long cou,
un encombrement max,
elle ne vibre que lorsque vous lui frottez le ventre,
et émet un son qui couvre tout.

(Dole)

Karl Malden a le pif comme mon paf.

(Toilettes, bistrot, région de Dreux)

Que les Anglais sortent
immédiatement du Marché commun.
Ou alors on n'achètera plus
leurs capotes, leurs clés et leurs filés à l'.

(Dunkerque)

"Converge" :
Ce mot décrit l'appareil génito-urinaire des hermaphrodites.

(Elbeuf)

Coïto ergo sum.

(Enghien)

Qui a écrit sur ce mur:

"Qui a écrit sur ce mur"?

(Enghien)

Mourousi pond des euh.

(Enghien)

Ici, on mange de la merde.

Dans la salle c'est encore pire.

(Toilettes, restaurant, Evry)

Ce qui nous venge un peu des impôts,
c'est d'imaginer la lutte
de Michel Charasse avec ses bretelles
chaque fois qu'il a envie d'y aller!

(Forbach)

Pardonnez-moi de vous prier
de bien vouloir avoir l'amabilité d'excuser
mon ridicule petit complexe d'infériorité.
S'il vous plaît.

(Garches)

Si mon oncle en avait,
on appellerait vite ma tante.

(Garches)

Achetez votre essence ici,
ou je vous tue.

(Station-service, Gerardmer)

**Faites l'amour le matin,
et partez avec quelque chose
de chaud dans le ventre.**

(Givors)

Vite, un autre mur!

(Grasse)

Sur le mur d'une école:
C'est ici qu'a coulé le bac à lauréats.

(Grenoble)

Steph' de Monac nous pompe.

A quelle heure?

(Grenoble)

**Le cinéma n'est pas une forme d'expression politique.
La politique c'est la réflexion.
Contrairement à la littérature, le cinéma est incapable
de visualiser les étapes de cette réflexion,
mais seulement sa résultante,
sous la forme d'une traduction réductrice, brute et factuelle.**

*Alors là, pardon, je te réponds du tac au tac:
"t'as pas 100 balles?"*

(Toilettes, bistrot, Grenoble)

Je ne viens ici que pour lire ce mur.

(Toilettes, bistrot, l'Isle-Adam)

Berceau, Boutons, Bordel,
Boulot, Borniol.

(Issoudun)

Son coiffeur à Yannick Noah:
"T'as de beaux nœuds, tu sais!"

(Le Kremlin-Bicêtre)

Abus de grâce = crise de foi.

(Lagny)

Un coup de matraque
sur la tête?
Oh non, brigadier!
Pasqua, pasqua!

(Transformateur EDF, région de Langres)

Les médailles sont les sardines de l'huile.

(Lavaur)

L'AFFICHAGE SAUVAGE EST INTERDIT

L'affichage apprivoisé est-il autorisé?

(Lille)

Mon complexe d'Œdipe,
c'est vraiment pas la mère à boire.

J'ai peut-être un complexe d'Œdipe,
mais je suis un brave garçon
qui aime bien sa petite moooman.

A côté de mon complexe de supériorité,
tu peux aller te rhabiller.

(Lille)

Sur une affiche pour un gala de boxe:

Les coups et les douleurs,
ça se dispute pas.

(Limonest)

La matraque existe, je l'ai rencontrée.

(Lyon)

Vous êtes priés de laisser cet endroit
aussi propre que vous l'avez trouvé en entrant.

Propre? Quel culot! Il était dégueulasse!
J'ai bien envie d'en mettre partout.

(Toilettes, bistrot, Lyon)

Henriiiiiiiiiiiiiiii,
Viens viiiiite!
Il y a une horrible bête dans la cuvette!

(Toilettes dames, restaurant, Lyon)

Particulier échangerait air con contre R5.

(Lyon)

Je vous parie 1000 balles
que je peux m'arrêter de parier quand je veux

(Lyon)

Les profs de philo fabriquent des profs de philo, donc rien.

(Lyon)

Ah ça Irak, ça Irak, ça Irak,
Sadamussène à la lanterne!

Une Quatar? Une douleur au Barhein?
Restez bien au chaud sous votre Koweit.

YE-MEN!

(Lyon)

Les hommes politiques
sont comme les nuages dans le ciel:
pesants et gris, ils cachent le soleil, lancent des éclairs,
font beaucoup de bruit, vous pissent dessus,
puis disparaissent à l'horizon,
oubliés de tous.

(Toilettes, bistrot, Lyon)

"Oh oui, Harlem, encore, Harlem,
oh oui, comme ça, Harlem, encore, Harlem..."
Peut-on imaginer chose plus ridicule?

Oui, on peut:
"encore, Jean-Edern, oh oui, Jean-Edern,
comme ça, Jean-Edern, encore, Jean-Edern!"

(Toilettes, bistrot, Lyon)

On ne dit pas "Négrita"
on dit: "un rhum de couleur"

(Toilettes, bistrot, Lyon)

Les mecs c'est prêt à tout et bon à rien,
pas même à nous faire l'amour.

Nous, les Belges, on sait.

...Une fois!

(Cabine téléphonique, Lyon)

La nature est bien faite:
quand mon nez est bouché
ce sont mes pieds qui sentent.
(Signé: Bébi Armabianca)

(Lyon)

Un grand nombre de graffiteurs signent leurs créations d'un pseudonyme. Malheureusement, leurs œuvres sont souvent de qualité inégale. Bébi Armabianca est une exception, et on retrouve fréquemment sa signature sous les meilleurs graffitis lyonnais. Sa prose dénote un goût prononcé pour l'absurde. Aucune de ses créations n'ayant, à ma connaissance, été relevée dans des toilettes, il est impossible de déterminer si Bébi Armabianca est un homme ou une femme.

Créez le Ministère de la sieste, et donnez le à Raymond Barre.

(Lyon)

Dehors, Renaud-le-ringard
Qui nous pompe le dard
Avec sa barbiche de routard
Ses cheveux gras de lard
Ses pataugas pourries et sa foutue guitare.

(Lyon)

Ça craint dans les grands ensembles,
c'est plein de Blacks.

*Oui, surtout dans le grand ensemble
de Count Basie, connard.*

(Lyon)

Plus bête qu'un journaliste, tu meurs.

...au Liban.

(Mâcon)

Dans le dico, à côté du mot "syphillis"
c'est marqué "voir index".
J'ai regardé mes doigts. J'ai rien.

(Toilettes, bistrot, région de Mâcon)

Dites-donc bande de dégueulasses
vous trouvez ça malin de gribouiller sur ce mur?
Vous ne pensez pas à ceux qui doivent nettoyer?
Beaucoup de travail pour un salaire je vous raconte pas.
Vous êtes des cochons.

Signé: l'employé municipal chargé du nettoyage
des murs couverts de graffitis
par des irresponsables.

(Le Mans)

Vous vivez au-dessus de vos moyens parce que vous vivez au-dessus de vos voisins.

(Le Mans)

On m'a volé mon innocence!

Que personne ne sorte!

(Le Mans)

Sous les portes casher,
Simon embrasse Rachel.

(Marseille)

Je ne suis ici que depuis 28 ans,
et l'Algérie me manque déjà.

(Toilettes, bistrot, Marseille)

Spécialités de la maison:
la serveuse et le poulet au citron.
J'ai goûté les deux,
je préfère le poulet.

Je n'ai jamais essayé avec un poulet.

(Toilettes, bistrot, Marseille)

Vanitas vanitatum, et omnia vanitas:
qui se souvient du prénom de Khomeiny?

"Tragi-", non?

(Toilettes, bistrot, Marseille)

Dorothée est plus vulgaire que Coluche.

...et moins bien foutue!

(Marseille)

Loi d'amnistie:
Si votre député est coupable, coupez-le!

(Marseille)

Merci de restituer ici
ce que vous avez consommé dans la salle.

...et vice-versa

(Toilettes, restaurant, Marseille)

Sur un panneau:

LA NATURE EST BELLE

Comme la tête de Gainsbourg,
la cervelle de Lajoinie,
le ventre de Sulitzer
et le nez de Prost!

...et l'humour de Joxe!

et les nénés de Birkin!

(Marseille)

Merci de ne pas jeter de mégots dans l'urinoir.

Ça donne un sale goût à la bière.

(Toilettes, bistrot, Marseille)

Je suis impatient de découvrir ce que veut dire le mot "expectative".

(Marseille)

Dumas, je te rapèle qu'on a rendez-vous mercredi prochain à 3h pour la Ford Escort. Fait un effort et lave toi les cheveus et met une chemise propre. On a déjà loupé l'afaire du congélateur de madame Racine parceque tu sent la transpiration, ça sufit.

Faux. Tu sais bien que c'est à cause de ton tatouage à la con on a pas idée de se faire desiner une saloperie pareille à cet endroit la. Alors déconne pas.

Hé, vous deux! Je vends un dictionnaire Larousse. Ça vous intéresse?

(Toilettes, bistrot, Marseille)

Ce qu'il y a de bien dans la position du missionnaire, c'est qu'on peut continuer à lire son journal.

En levrette c'est encore mieux, pas besoin de le tenir.

(Mayenne)

Anémone n'est peut-être pas l'actrice la plus sexy,
mais en tout cas, c'est la plus moche.
Et ça, personne ne peut lui enlever.

(Toilettes,bistrot, Menton)

Sur un panneau

METZ

Ville morte.
La grande braderie, c'est moins gai
que le cimetière de Nancy à 3h du matin.

Ici commence la Sibérie.
Fermez la Porte Serpenoise et la Porte des Allemands,
ça fait des courants d'air.

(Région de Metz)

IL FAUT BATTRE LE BEUR.

C'est encore ce maudit Yacine qui a écrit ça,
il ferait n'importe quelle traîtrise pour rigoler.

(Mondragon)

On se fait chier dans ce bled.
Hormis les balades en yacht et en Ferrari, flamber au casino et sortir des top-models suédois,
je m'emmerde à 1.500.000.000 sous de l'heure.

(Monte-Carlo)

Si je pourrais avoir une fille juste pour ce soir
elle peut m'attendre ici à 8 heures
où chez Pierrot devant le Wurlitzer.

(Montrouge)

Valérie a du poil aux pates.

...et Panzani a des pâtes au poil!

(Les Mureaux)

Cette ligne marque l'exploit de Jean-Thomas V. qui, le 17 juillet 1986 expédia un jet d'urine jusqu'à cette hauteur.
Passant, ceci est un défi à ta vessie.

(Cabane forestière, région de Munster)

Nous informons notre aimable clientèle qu'un serpent de 1,30 mètre du type "serpentibus amphibius rex" a accidentellement trouvé refuge dans le syphon de ce W.C. Il remonte quand l'obscurité se fait dans la cuvette. Si vous sentez quelque chose, levez-vous immédiatement et faites-lui peur en tirant la chasse d'eau.

(Toilettes dames, restaurant, Nancy)

L'équilibre de la terreur:
votez pour l'Association Sado-Masochiste.

(Nanterre)

Mon complexe de supériorité
est vachement mieux que le vôtre.

Mon complexe d'infériorité ne casse pas des briques.

Pourquoi me reprochez-vous mon complexe de persécution?

(Nanterre)

Vous êtes là pour éjecter votre bol fécal,
pas pour le couver.

(Toilettes, bistrot, Nantes)

TUEZ TOUS LES VIOLENTS

(La Napoule)

Ne faites pas à ce papier hygiénique ce que vous ne voudriez pas qu'on vous fasse.

(Toilettes, bistrot, Narbonne)

Les flics et les pilotes de moto-crottes arrivent toujours trop tard.

(Neuilly-sur-Seine)

Ça fait trois ans que j'arrose
et rien ne pousse.

(Toilettes, bistrot, Neuilly-sur-Seine)

Ce mur sera bientôt édité.

(Nice)

L'ironie, je m'en moque.

(Nice)

L'insupportable manie de repeindre ce mur
est une atteinte à la liberté d'expression.

(Nice)

A ce qu'on dit, ce mur serait réservé aux graffitis.

Et bien non, mon pote!
Les gribouillages sont interdits,
et ce mur doit rester propre sous peine de poursuites judiciaires.
Signé: le propriétaire du mur,
heureux possesseur d'une paire de jumelles
et d'un fusil de chasse à 2 coups chargé de gros sel.

(Nice)

Ça la fiche mal d'écrire
"défense d'afficher"
sur ce beau mur blanc.
Signé: le Bombeur fou.

(Nice)

C'est excitant: sous leurs vêtements, toutes les femmes sont nues.

(Orléans)

On ne me laisse
jamais exprimer
mon complexe
de frustration.

(Orléans)

Plutôt que de tirer les cerfs, tirez la chasse
et décorez-en votre cheminée.

(Orléans)

Le mariage révèle le masochiste qui sommeille en vous.

(Orly)

Ce n'est pas pour me vanter, mais aujourd'hui il fait vachement beau.

(Palaiseau)

Tonton, ton poing cogne autant que le marteau,
ta rose pique autant que la faucille.

(Palaiseau)

?!%&%!§X!?[¨&"!ç!**

Forcément.
Signé: Marguerite Duras

(Palaiseau)

La Roue de la Fortune nous casse les Q.I.

(Palaiseau)

Je suis normande
et nymphomane frigide.
...Mais peut-être que non.

(Paris 1er)

Je ne sais plus ce que je suis venu faire ici.
J'ai des trous turcs de mémoire.
(Signé Amédée Biskoto)

(Toilettes, bistrot, Paris 1er)

Amédée Biskoto (comme, dans une moindre mesure, Bébi Armabianca à Lyon), est un nom que l'on retrouve fréquemment sur nos murs. La qualité des œuvres signées Amédée Biskoto est toujours remarquable. Véritable vedette du graffiti, Amédée Biskoto s'exprime aussi bien sur les murs des immeubles que sur ceux des toilettes "messieurs" des cafés et restaurants, (il s'agirait donc d'un homme). Hormis à Paris et en région parisienne (Vélizy, Orly, Bièvres), on signale des graffitis "Amédée Biskoto" à Lyon, à Mont-de-Marsan et même à Vintimille! Il serait passionnant de découvrir qui se cache derrière ce pseudonyme: un grand voyageur ou les membres d'un *collectif graffiteur* opérant sous un même nom?

Je suis outré.

Vive Zoutré!

Je suis ému.

Vive Zému!

Je suis engorgé du poireau.

Vive Zengorgédupoireau!

(Paris 1er)

C'est raide, ça sent mauvais et ça excite les filles.
Qu'est-ce que c'est?
Réponse: Claude François.

(Paris 1er)

No future, no hope.

Plus grave: no hip-hop.

(Paris 1er)

Sur un distributeur, à côté du conseil:

Introduisez la pièce dans la fente, puis appuyez sur le bouton

Faites plaisir à votre copine:
inversez les propositions.

(Paris1er)

Je veux Goldman.

Et moi, je veux son fric!

(Paris 1er)

Ce trou est une insulte aux Turcs.

(Toilettes, bistrot, Paris2ème)

Anne Sainclair ,
7 nuits sur 7

(Paris 2ème)

Le dernier graffiti se trouve un mètre en-dessous des trois premiers:

A cause de la non-disponibilité des femmes,
la masturbation est devenue le fléau de la civilisation occidentale.

De plus, ça rend sourd. Quoi?

Et ça ralentit la croissance.

C'est bien vrai.
Signé: Michel Jobert

(Toilettes, bistrot, Paris 2ème)

SOUTENEZ LA LUTTE DES FEMMES!

Je soutiens gorge.

(Paris 3ème)

Auteur dramatique échangerait pièce en 3 actes et un tombé contre 2 pièces cuisine.

(Paris 3ème)

J'ai une névrose obsessionnelle
vraiment obsessionnelle . obsessionnelle
obsessionnelle obsessionnelle
obsessionnelle obsessionnelle
obsessionnelle

(Toilettes, bistrot, Paris3ème)

Mon Dieu, que je suis modeste!

(Paris 3ème)

Manque de bol,
le Beaujolais nouveau est encore arrivé.

(Cabine téléphonique, Paris 3ème)

Bagdad: la mère de toutes les batailles
a fait une fausse-couche au Koweit

(Paris 3ème)

Jacob Delafon,
pour la quatrième fois de la journée,
pardon.

(Toilettes, bistrot, Paris4ème)

On ne dit pas "Nabuchodonosor",
mais "désolé, nous n'avons plus de chodonosor en stock,
on a vendu le dernier hier".
(Signé: Amédée Biskoto)

(Paris 4ème)

Sur un distributeur de préservatif:

Ce chewing-gum est dégueulasse.

(Paris 5ème)

Prière de ne plus jeter vos cigarettes dans l'urinoir.

Ça les rend vachement difficile à rallumer.

(Toilettes, bistrot, Paris 6ème)

Les manteaux longs des créations de l'automne
percent mon œil d'un inesthétisme atone

(Toilettes, bistrot, Paris 6ème)

Jane Birkin, l'anémie publique N°1

(Paris 6ème)

Faites faire des études à vos filles.
Comme ça, plus tard, elle pourront penser
en passant l'aspirateur.

(Paris 6ème)

Soutenez Harlem Désir.

Pourquoi? Il se sent mal?

(Paris 7ème)

Moi, jé toujour u de l'embission.
Maintenant, je sui fonctionère de Polis.

(Paris 7èmè)

Mesrine a poussé la provocation jusqu'à mourir dans une voiture de marque allemande.

(Toilettes, restaurants, Paris 7ème)

Compte tenu du nombre de bouchons, Paris a bel et bien été mis en bouteille.

(Paris 7ème)

Un coup de téléphone peut sauver une vie

Sur la tête, il peut aussi fracturer un crâne

(Cabine téléphonique, restaurant, Paris 8ème)

Coup de Barre: envie de sieste irrépressible
pendant les cessions parlementaires.

(Toilettes, bistrot, Paris8ème)

A mor Joxe.

Et à mort l'ortograf!

(Paris 8ème)

Plus un caillou a roulé, plus il est poli.
Les chauffeurs de taxi, c'est le contraire.

(Toilettes, bistrot, Paris 8ème)

Tant que Léon Zitrone est vivant,
Moumoune, il y a de l'espoir.

(Banc public, Paris 8ème)

La réponse, c'est le communisme.

Ça prouve combien la question était idiote.

(Paris 9ème)

Sur la cloison d'un train de banlieue:

**Un lapide,
c'est un tlain qui loule tlès tlès vite.**

(Paris 10ème)

*Et si j'avais infecté le PQ avec le virus du SIDA, hein?
Avec quoi que vous vous torcheriez le derche?*

Comme toujours: avec l'essuie-mains.

(Toilettes, bistrot, Paris11ème)

Pour me soulager,
il faut que j'ouvre les 44 boutons de ma soutane.
Ça prend du temps, vous savez.
Pas étonnant que je pue la pisse.
Signé: Révérend P.

(Toilettes, bistrot, Paris11ème)

Approche-toi, présomptueux!

(Toilettes, bistrot, Paris11ème)

Non à la guerre sale, Chevènement démission!
Oui à la guerre esthétique, Lang à la défense!

(Paris 11ème)

A 20 cm du sol:

A cet endroit précis, le 4 janvier 1981,
Philippe Bouvard interviewa Michel Jobert.

(Toilettes, bistrot, Paris 12ème)

Chantal Goya for Président!

...and Pascal Sevran for Queen!

(Paris 12ème)

URSS ruinée. Stop. Plus de PQ. Stop.
Gorbatchev obligé de se torcher avec la tête. Stop.
Signé: Agence Tass

(Toilettes, bistrot, Paris 13ème)

Entre les deux gros orteils, le vide. L'angoisse.

(Toilettes dames, bistrot, Paris14ème)

Confucius lui dire:
"arrête de lire ceci et concentre-toi
sur ce que tu es en train de faire".
Et Confucius lui pas con.

(Toilettes, restaurant, Paris 14ème)

Dieu existe, et il nous aime.

C'est pas vrai!

Si, c'est vrai!

Non, c'est faux!

Si, c'est vrai!

VOS GUEULES BANDE DE CONS!
Signé: Dieu.

(Paris 15ème)

SKIN AID: DONNEZ LEUR UN CERVEAU.

(Restaurant, Paris 15ème)

Dans un ascenseur:

Voilà ce que j'appelle un ascenseur nickel.
Pas une marque, pas un graffiti, pas une tache, rien.
Splendide!

(Paris 16ème)

Sur une feuille arrachée d'un carnet, collée dans une cabine téléphonique:

JF 28 ans, ét. sup., blonde, yeux bleus, très belle,
je vaux mieux que les regards d'envie qu'on me lance.
Je cherche vie à deux avec homme sincère 35-40 ans,
romantique, équilibré, sportif.
En échange, je lui donne mon corps,
je lui donne mon cœur, je lui donne mon âme,
je lui donne ma vie. Tel: 40 .. .. ..

Tu paies aussi un coup à boire?

(Paris 16ème)

Gardez votre ville propre.
Déversez vos ordures à Versailles.

(Paris 17ème)

Quand on voit ce que les pigeons ont fait sur ce banc,
il faut remercier Dieu
de n'avoir pas donné d'ailes aux vaches.

(Paris 17ème)

RAJEUNISSONS LE PCF.

C'est la lutte finale, choubidouab douab yeah.

(Paris 17ème)

Q: Pourquoi les filles baissent les yeux quand on leur dit "je t'aime"?

R: Pour voir si c'est vrai.

(Paris 18ème)

Ne dites pas "l'idole des jeunes"
mais "Patrick Bruel casse la croûte".

(Toilettes, bistrot, Paris 18ème)

Il ne faut plus tolérer
les individus intolérants

(Paris 18ème)

Messieurs, bravo, mille fois bravo.
Que de perles sur ce mur, que de perles.

C'est vrai, snif snif, ça sent l'huître ici.

(Toilettes, bistrot, Paris 18ème)

On dira ce qu'on voudra,
mais un week-end avec Isabelle Adjani,
ça doit être vachement mieux qu'un redressement fiscal.

(Paris 19ème)

Abstenez-vous de fumer dans un lieu public.
Abstenez-vous de boire avant de conduire.
Abstenez-vous de dépasser le 130 Km/h.
Abstenez vous de tirer un coup.
Lors des prochaines élections,
abstenez-vous.

(Paris 20ème)

Quelle merveilleuse invention que le stylo-feutre!
On peut enfin écrire sur ce putain de carrelage.

(Toilettes, bistrot, Paris 20ème)

Prends garde,
un œil noir te regarde.

(Toilettes dames, restaurant, Pau)

Ne priez Dieu que le dimanche,
les autres jours ça le fait sursauter.

(Pau)

BOUH!

Ce hurlement terrifiant vous était offert par l'Union Nationale des Cardiologues de France

(Pau)

Ce mur est sponsorisé par Gallimard

(Pau)

**Quel endroit horrible:
on s'y sent tout de suite à son aise.**

(Toilettes, bistrot, Perpignan)

Encore des graffitis sur ce mur repeint?
C'est pas bientôt fini, bande de porcs?

(Toilettes, bistrot, Plaisir)

Tous les sadiques devraient être écorchés vifs
à la lame de rasoir rouillée, puis ébouillantés.

(Pontarlier)

J-C K. 12/7/86

C'est merveilleux!
J'ai écrit ça il y a tout juste un an
Et malgré les vapeurs corrosives de l'urine, ce n'est pas effacé!

(Toilettes, bistrots, Privas)

Celui qui, de ses mains,
Créa ce lieu d'aisance
Fit mieux pour les humains
Que de Gaulle pour la France.
Signé: Cluzier

(Toilettes publiques, Privas)

Sauvez la forêt.
Préservez la nature.

Des perversions hollandaises

(Forêt de Provence)

Sortez votre femme
au moins aussi souvent que vos poubelles.

(Toilettes, restaurant, région de Reims)

Je cherche un homme 1,80m brun yeux bleus.

Et moi, je cherche du papier!

(Toilettes dames, bistrot, Rennes)

Sur une affichette:

Téléphone sans fil = liberté

Tampax sans fil = emmerdé

(Rennes)

Je rends toujours ce que je prends.
Hier soir j'ai pris une cuite,
ce matin je la rends.
Signé C. Paullin

(Toillettes, restaurant, Rochefort)

"Congénital" est un pléonasme gynécologique.

(La Rochelle)

J'ai presqu'autant horreur des clichés
que des gitans guitaristes et voleurs de poules.

(Roubaix)

**Plus de 5 secousses,
c'est de la masturbation.**

(Toilettes, bistrots, Roubaix)

Veni, vidi, WC.
(H.D. fecit, 1990)

(Toilettes, bistrots, St-Brieuc)

Martine est une sacrée affaire.

C'est malheureusement faux.

(St-Brieuc)

Je veux dessaler une sirène.

(St-Brieuc)

A plusieurs reprises tracé à la craie sur les chaussées à proximité du cimetière:

ALLEZ LES VERS!

(St-Etienne)

Miam-miam, glouglou, pipi, caca, tagada, dodo.
Toute une vie.

(St-Gervais)

Ce sont des migraines ophtalmiques
avec syndrome d'Alice,
ou les saucisses de midi qui ne passent pas.

(St-Gervais)

Pour messieurs les Belges:
l'eau de la cuvette est potable.

(Toilettes, bistrot, St-Mandé)

Valse musette:
mouvement revendicatif ouvrier qui consiste à balancer
dans la gueule d'un flic un sac repas lesté d'un litron de rouge
et d'une gamelle en fer contenant un kilo de purée Flodor
et une saucisse de Morteau.

(St-Maur)

OU AI-JE ENCORE FOUTU CETTE PUTAIN DE BOMBE DE PEINTURE?

(St-Omer)

Né à Troyes, j'ai vécu à Sète et j'habite à St-Quentin.
Ce que c'est que le destin, quand même.

(St-Quentin-en-Yvelines)

**FAITES DUR, FAITES MOU
MAIS FAITES DANS LE TROU.**

(Traditionnel, toilettes bistrot, Sedan)

C'est un test de Rorschach
ou une diarrhée?

(Toilettes, restaurant, région de Sedan)

Je vois rouge, ou alors je viens de gerber mon Chateauneuf du Pape contre le miroir.

(Toilettes, bistrot, Strasbourg)

Près de la faculté de théologie:

Qu'attends-tu dans la vie?

Le bus!

(Strasbourg)

Capitaine, il n'y a plus de papier, je remonte.
Paré pour la téléportation.
Signé: Spock.

(Toilettes, bistrot, Strasbourg)

Ecrit en tout petit sur un urinoir à 30 cm du sol:

**Si vous parvenez à lire ceci,
c'est que vous êtes un nain. Ou alors vous êtes accroupi
et vous êtes en train de pisser sur les jambes de votre pantalon.
Signé: Dahlbeit.**

(Toilettes, bistrot, Strasbourg)

Ne pétez pas plus haut que votre cul,
ça pollue la couche d'ozone.

(Strasbourg)

Electeurs,
"amnistie" ne doit pas rimer avec "amnésie".

(Strasbourg)

Toutes ces formes alitées à remplir,
ça tue l'amour.

(Toilettes, bistrot, Strasbourg)

**Tirer un éléphant, tirer la chasse, tirer sa crampe,
tirer sa révérence, dans tous les cas c'est quelque chose
d'irremplaçable qui disparaît
Signé: illisible.**

(Toilettes, bistrot, Strasbourg)

Si j'urine de biais c'est que j'ai été circoncis en biseau.

(Toilettes, bistrot, Strasbourg)

Soigneusement calligraphié sur un lampadaire:

Aye yayaye, Roji Haniiiiin il est beau, mais beau.
Quand il parle avec sa bouche, j'meurrhs.
Parole, j'meurrhs. C'est simple,
Roji Hanin, y m'fait mourrhirr.

(Suresnes)

ELVIS EST COOL

Non, Elvis est froid.

(Thionville)

Tarata dzim boum dzim boum
dziiiiiiim boum-boum,
tarata dzim boum dzim boum-boum.
(Parole et musique de Bigeard)

(Toul)

Sur un comptoir:

Guy, tu vois bien
que je suis aphone.
Sers-moi un demi, merde.

(Bistrot, Toulon)

**POUR FAIRE PASSER UNE IDEE,
UNE BOMBE DE PEINTURE EST PLUS EFFICACE
QU'UNE BOMBE AU NAPALM.**

(Toulouse)

*Ô toi qui écris spirituellement sur ces murs,
Tes intentions sont certainement pures.
Mais es-tu là pour mictionner et déféquer,
Ou œuvrer pour la postérité?*

(Toilettes, bistrot, Toulouse)

Ce mur blanc est un défi à ma vocation de terroriste urbain,
et une véritable invite à l'attentat calligraphique.
En conséquence de quoi, j'opère.
Signé: Grapholo <------ c'est un pseudo.

(Toulouse)

La ferme! Les murs parlent.

(Toulouse)

Quand on mouille le pastis, ça le trouble.
Les filles, c'est l'inverse.

(Tourcoing)

Moi j'aime mieux l'apéro que l'opéra.

St Luc, Patron des anagrammes, priez pour lui!

(Tournus)

Les cheveux de Henri Chapier sont en plastique.

Les dents de Sabatier aussi.

(Tours)

Merci de varier les menus
des restos du cœur.
Bouffer la même chose chaque hiver,
ça écœure un peu..

(Troyes)

La petite culotte de Madonna c'est moi qui l'est.
Ma sœur a cassé l'élastic.
C'est la merde.

(La Varenne)

MERCI AUX LOCATAIRES DE PENSER AUX GONDOLIERS ET DE NE PAS JETER LEURS SACS POUBELLE DANS LA RUE.

(Venise)

Mathilda May, si tu passes devant ce mur,
inscris ton numéro de téléphone
ici ------>

Mathilda n'a pas pu venir,
je suis venue à sa place.
Josiane Balasko.

(Versailles)

**Le mystère s'épaissit:
encore 28.578 voitures qui disparaissent
dans le triangle de Rocquencourt!**

(Versailles)

Donnez le droit de vote aux immigrés!

...S'il ta plît, m'ssiou.

(Versailles)

Lycéens, Jospin est incompétent,
il parle pour ne rien dire.

Bref, Jospin jaspine!

HA, HA! FACILE D'ECRIRE DES CONNERIES SUR LES HOMMES POLITIQUES...

J'AI ESSAYE D'ECRIRE SUR UN HOMME POLITIQUE,
SES GARDES DU CORPS M'ONT FOUTU UNE TREMPE.

(Versailles)

Sur une affichette:

Les femmes ont leur mot à dire!

Le Paic citron est hors de prix!

(Versailles)

Il faut dissoudre les cendres de Pétain dans l'eau de Vichy.

(Vichy)

Des meufs!!!!

Où ça, où ça?

François, j'ai écris ça au mois d'août!
Tu es lent, mais tu es lent!

(Vienne)

Garçon, un Rocard, sinon rien!

Noyez votre Rocard dans 5 volumes d'eau!

(Toilettes, bistrot, Vincennes)

Description d'un narcisse:
je m'intéresse à tout ce qui intéresse
tous ceux qui s'intéressent à moi.
Signé: Amédée Biskoto

(Vincennes)

Dans "conserve" il y a "con".
Dans "culture" il y a "cul".
Dans "pissenlit" il y a "pissant".
Et dans "concupiscent" il y a tout.
Quel beau mot!

(Villefranche)

INDEX DES NOMS CITES

et tant d'autres que les murs rendent
célèbres par la grâce d'un graffiti...
jusqu'à la prochaine couche de peinture.

Achevé d'imprimer sur système Variquik
sur les presses de l'imprimerie SAGIM à Livry-Gargan
N° d'impression : 171